AF247940

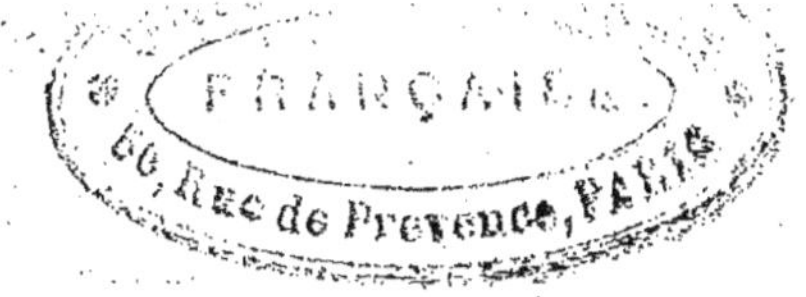

COMITÉ DE PROPAGANDE ET DE RENSEIGNEMENTS
DU *CERCLE AFRICAIN*

L'ANNEXION DU CONGO

DISCOURS PRONONCÉ

PAR

le Major THYS

au *Meeting public et contradictoire*
organisé par l'Association libérale de Bruxelles
le 30 janvier 1895.

BRUXELLES
CERCLE AFRICAIN
11, RUE RAVENSTEIN, 11

CERCLE AFRICAIN

11, RUE RAVENSTEIN, BRUXELLES

Comité de propagande et de renseignements :

BUREAU :

PRÉSIDENT : M. le major *A. Thys*, directeur général des Compagnies belges du Congo.

VICE-PRÉSIDENTS : MM. le capitaine *E. Storms* et *G. de Laveleye*, directeur du *Moniteur des Intérêts matériels*

SECRÉTAIRES : MM. Monthaye, capitaine command^t; *Ch. Lemaire*, lieutenant; *Vanderstraeten*, président de la *Fraternelle congolaise*, et A -J. Wauters, rédacteur en chef du *Mouvement géographique* et du *Congo illustré*.

SECRÉTAIRES ADJOINTS : MM. F. Cattier, G. de Brandner, A. de Laveleye-Lynen et V. Pourbaix, avocats près la Cour d'appel.

MEMBRES DU COMITÉ :

MM. :

Amerlinck, docteur ; *Avaert*, commandant ; *Beirlaen*, lieutenant ; *Briart*, docteur ; Brugmann, propriétaire ; *Cambier*, major ; Cantineau, docteur ; *Carton*, lieutenant ; *Chaltin*, capitaine ; Chapaux, officier de réserve ; *Cucu* ; *Cornet*, docteur en sciences ; *Costermans*, lieutenant ; *Daenen*, capitaine ; De Bauw, homme de lettres ; *De Bergh* lieutenant ; *A. Delcommune*, explorateur ; *Em. Delcommune* ; *Demeuse*, explorateur ; *Derscheid*, lieutenant ; *Dewit* ; *Dhanis*, lieutenant ; Droogmans, secrétaire général du département des finances ; *Dryepondt*, docteur ; *J. Dubois* ; *H. Dupont*, docteur ; *Charles Dusart*, capitaine ; *Fivé*, commandant ; *Goffin*, ingénieur ; Harten, ingénieur ; *Jacques*, capitaine ; *Jaeger*, négociant ; Laurent, major ; *Laurent*, professeur à l'Institut agricole de Gembloux ; capitaine Lebrun, chef de division au département de l'intérieur ; *Legat*, capitaine ; *Lehrman*, capitaine ; *Lekeu*, lieutenant ; capitaine *Liebrechts*, secrétaire général du département de l'intérieur ; *Limmelyn*, ingénieur ; capitaine *Lombard*, chef de division au département de l'intérieur ; Maffei, major ; *Malfeyt*, capitaine ; *Masui*, lieutenant ; *Mathieu*, lieutenant ; *Melius* ; *Milz*, lieutenant ; *Monet*, négociant ; *Nihoul* ; *Paulissen*, *Petitbois*, Rittweger et *Rolin*, ingénieurs ; *Rossignon* et *Sandrard* ; *Storms*, capitaine commandant ; Tempels, auditeur général ; *Thiery*, agent commercial ; Urban, directeur général du Grand-Central belge ; *Van Damme*, intendant ; *Vandendriessche* ; Van den Nest, échevin de la ville d'Anvers ; *Van de Putte*, major ; *Van Dorpe*, capitaine ; *Van Gèle*, capitaine commandant ; *Van Cauwenberghe* ; *Wangermée*, capitaine commandant ; *Weber*, chef de division au département des finances ; Wiener, Sam., avocat ; *Wilverth*, lieutenant.

La commission se tient, dès aujourd'hui, à l'entière disposition du public et des membres de la presse pour fournir tous renseignements sur le Congo, sa situation, ses produits, ses voies de communication, son climat, ses chances d'avenir, etc.

A cet effet, son bureau siège en permanence au local du Cercle africain, de 10 heures du matin à midi et de 2 heures à 4 heures de relevée.

COMITÉ DE PROPAGANDE ET DE RENSEIGNEMENTS
DU *CERCLE AFRICAIN*

L'ANNEXION DU CONGO

DISCOURS PRONONCÉ

PAR

le Major THYS

au *Meeting public et contradictoire*
organisé par l'Association libérale de Bruxelles
le 30 janvier 1895.

BRUXELLES

CERCLE AFRICAIN

11, RUE RAVENSTEIN, 11

MESSIEURS,

Je ne puis songer à rencontrer ici en détail toutes les objections qui ont été soulevées contre la reprise du Congo par la Belgique. Il me faudrait pour cela de longues heures. Le travail sera fait, d'ailleurs, avec tout le soin qu'il comporte, entre autres dans les discussions contradictoires que nous nous proposons d'organiser au Cercle africain et auxquelles j'invite, dès aujourd'hui, mes honorables contradicteurs.

Encore bien moins puis-je songer à rencontrer toutes les accusations dont les sociétés que je dirige, ou moi-même, avons été l'objet. J'ai fait le nécessaire déjà, là où il convenait, en ce qui regarde celles de ces accusations qui s'attaquaient à mon honorabilité. Il n'y a pas à y revenir.

Sans doute on me traite bien encore, et assez souvent avec quelque ironie, de « gros financier », mais je crois que c'est sans autre arrière-pensée. Gros d'ailleurs, hélas, je le suis ! et financier aussi, si l'on entend par là que j'ai la responsabilité de nombreux intérêts d'argent.

Qu'importe pour le surplus, messieurs, que des abus se soient produits, que des fautes aient été commises ! S'il y a eu des coupables, qu'on les dévoile et qu'on les punisse ; tous ceux qui ont été en Afrique, et qui sont restés dignes de l'œuvre africaine, le souhaitent vivement. (*Applaudissements.*)

Mais qu'est-ce que cela peut bien faire à la question de la reprise du Congo par la Belgique? Je ne fuis pas la discussion, bien entendu, je l'accepte sans crainte et suis même prêt à la provoquer, mais j'estime que si nous voulons faire besogne utile, nous devons nous appliquer à rester dans notre ordre du jour.

Permettez-moi pourtant de faire deux exceptions. La première, en ce qui concerne les prétendues précautions que je prendrais en faisant signer des contrats aux agents sous mes ordres pour les empêcher de parler. Tous ceux qui me connaissent comprendront pourquoi je veux immédiatement rencontrer ce reproche. La liberté de penser, la liberté de dire et d'écrire sont pour moi choses trop saintes pour que je ne saisisse pas la première occasion qui m'est offerte de protester publiquement du respect qu'elles m'inspirent. *(Applaudissements et chuts.)*

La seconde accusation que je veux rencontrer, en raison de l'actualité de la question, est celle de m'être trompé dans le devis du chemin de fer du Congo.

Les engagements.

Parlons d'abord des contrats d'engagement.
Les articles incriminés sont les articles XI et XII.
Les voici :

ART. XI. — M..... s'engage, sous peine de dommages-intérêts, à faire connaître au directeur de la Société en Afrique toute découverte minière ou autre qu'il pourrait faire pendant son séjour en Afrique, au service de la Société, et dont celle-ci pourrait tirer profit. Cette découverte deviendra et restera la propriété exclusive de la Société. Il s'engage aussi à faire connaître au directeur de la Société tous renseignements pouvant être utiles au but social et à la bonne gestion des affaires en Afrique ou toutes circonstances pouvant lui porter préjudice.

Le conseil d'administration, appréciant l'importance de la communication, pourra, dans ce cas, allouer à M....., à titre de rémunération, une somme dont le conseil fixera l'importance.

Quelle protestation peut soulever cet article ? Evidemment aucune. Les découvertes faites par les agents de la Société appartiennent sans conteste à celle-ci, de même que le devoir le plus élémentaire des agents est de renseigner la Compagnie qui les paie dès qu'un fait quelconque utile à la gestion des affaires parvient à leur connaissance.

J'appelle votre attention sur ce fait que bien que la Société ne soit nullement tenue à rémunérer les communications de l'espèce, elle promet de le faire et elle l'a déjà fait.

ART. XII. — Pendant toute la durée de son séjour en Afrique, M..... s'engage, sous peine de dommages-intérêts fixés à 25,000 francs pour chaque infraction :

A. A ne fournir à qui que ce soit des renseignements commerciaux ou miniers sur les territoires de l'État indépendant du Congo, et à ne donner aux personnes avec lesquelles il se trouve ou se trouvera en relations aucun renseignement concernant les affaires de la Société ou qui pourrait causer préjudice à celle-ci ou aider la concurrence.

B. A ne faire le commerce ni pour son compte ni pour le compte de tiers, étrangers ou non à la Société, et à ne s'intéresser, ni directement ni indirectement, à aucune autre entreprise commerciale ayant le Congo pour but. Il s'engage à n'accepter de n'importe quelle personne, étrangère ou non à la Société, en dehors de la direction en Europe ou en Afrique, aucune rémunération ou rétribution, à quelque titre que ce soit.

C. A n'entrer au service d'aucune autre société commerciale, au Congo, pendant un terme de cinq ans après que le présent contrat aura pris fin. Ceci sous réserve d'autorisation spéciale qui pourrait être accordée par le conseil d'administration de la Société.

Qui pourrait songer, un seul instant, à me faire un grief de ces dispositions? Quelle conscience, même la plus scrupuleuse, pourrait s'en alarmer? *(Applaudissement.)* Directeur de grandes compagnies commerciales, j'ai agi avec la prudence commerciale la plus élémentaire et, si j'y avais manqué, mes actionnaires auraient pu me le reprocher comme une faute grave. Cela est trop évident pour qu'il faille insister. *(Applaudissements. Cris :* Évidemment ?

Le chemin de fer ([1]).

Examinons brièvement la question du chemin de fer.

Certes, je me suis trompé dans l'évaluation des devis, et nul plus que moi ne le regrette ; mais si les résultats n'ont pas répondu à mes prévisions, la faute en est bien plus aux événements qui ont été plus hostiles que la sagesse la plus excessive ne pouvait le prévoir, qu'à l'insuffisance des prévisions.

La période de mise en train a d'abord été plus longue que nous n'avions pu le supposer; mais ce que nulle description ne peut rendre, c'est la désespérante lenteur des travaux dans la vallée de la Mpozo et le long du pénible massif de Palaballa, le faible rendement de la main-d'œuvre, et, par conséquent, les frais généraux de l'entreprise frappant impitoyablement des rendements de travail insuffisants. C'est ainsi qu'au 30 juin 1891, il avait été dépensé déjà 6 millions et le rail n'était encore arrivé qu'au kilomètre 8.

C'est le moment où tout paraît nous abandonner : la nature violentée (*rumeurs diverses*) se révolte partout, les Européens sont malades, les épidémies frappent nos pauvres travailleurs noirs, découragés d'abord, puis révoltés,

Note. — Nous avons pensé qu'il pouvait être utile à tous ceux que la question du Congo préoccupe en ce moment, de commenter et de soutenir par quelques renseignements bibliographiques les arguments et les faits que M. le major Thys, dans son discours, a opposés aux adversaires de l'œuvre. L'orateur a touché à un assez grand nombre de points discutés, mais il n'a pu s'étendre suffisamment sur aucun d'eux, dans un discours qui a duré cependant une heure et demie. Pour ceux de nos lecteurs qui désirent des chiffres et des renseignnments plus développés, nous avons rapidement indiqué un certain nombre d'ouvrages ou d'articles de revues où ils trouveront des indications plus complètes. A -J. W.

(1) Pour de plus amples renseignements, voir les rapports de la Compagnie, publiés en dix fascicules, et le *Congo illustré*, où sont reproduites de nombreuses photographies prises sur les travaux.

les puissances étrangères nous refusent partout de recruter, sous prétexte que le climat est pernicieux, en réalité pour des motifs souvent moins élevés sur lesquels je ne veux pas insister. (Voix diverses : Ah ! ah !)

Ah ! Messieurs, je puis bien vous le dire, nos appréhensions, à mes ingénieurs et à moi, ont en ce moment été grandes ! Mais je vous le dis avec fierté, ni leur courage ni le mien n'a failli un instant. Tandis que l'inquiétude se répandait, tandis que des accusations de toute nature nous étaient lancées, nous avons redoublé d'efforts.

A grands frais, nous recrutons des Chinois à Macao, des Barbades aux Antilles.

Le col de Palaballa est enfin percé en août 1892, la locomotive arrive au ravin de la chute au kilomètre 14, en octobre 1892. Puis, nous atteignons le plateau et enfin la situation s'éclaircit. Nous avons vaincu le minotaure. (*Longs applaudissements.*)

L'avancement dès lors prend une allure plus favorable. Du 30 juin 1892 au 30 juin 1894, nous construisons 34 kilomètres et nous ne dépensons plus que 5,637,000 francs, soit 165,000 francs par kilomètre.

Nous pouvons dès lors affirmer que l'entreprise est sauvée. A partir d'alors, en effet, nous construisons plus de 4 kilomètres par mois, ne nous coûtant plus que 100,000 francs environ par kilomètre. Et le progrès de nos recettes, qui a commencé, nous a donné, dès maintenant, la certitude que, malgré nos erreurs de devis, les capitaux nécessaires à notre entreprise seraient largement rémunérés ! Ce n'est plus un Panama ! C'est un Suez peut-être ! (*Acclamations. Protestations.*)

Mais alors, me direz-vous, pourquoi sollicitez-vous une nouvelle intervention de l'État? Si votre entreprise est en ce moment à ce point vital, pourquoi ne se procure-t-elle pas, comme toutes les entreprises similaires, les capitaux qui lui sont nécessaires?

Un anonyme. — Pourquoi donc avez-vous imploré le secours du gouvernement belge?

M. Thys. — Imploré le secours du gouvernement belge?

Maladroite interruption, monsieur. Ne comprenez-vous pas que si je pose la question, c'est que j'ai la réponse toute prête? (*Rires*.) Où avez-vous vu que la Compagnie du chemin de fer du Congo ait sollicité l'intervention du gouvernement belge ? Elle ne l'a pas fait autrement qu'en lui demandant de voter comme tous les autres actionnaires.

Il y a près d'un an, elle a mis sur pied une combinaison de bons hypothécaires lui procurant six millions. Le gouvernement n'a pas cru devoir accepter cet emprunt hypothécaire et il a pris l'initiative de proposer une autre solution à la Compagnie qui l'a acceptée, mais sans enthousiasme.

La Compagnie du chemin de fer du Congo, en effet, messieurs, n'a pas besoin d'être sauvée. Depuis un an, la situation s'est en effet à ce point modifiée que le conseil d'administration est dès maintenant convaincu qu'il peut créer des obligations à long terme pour se procurer de nouvelles ressources, c'est-à-dire employer les procédés identiques à celui qui a été mis en pratique par toutes les compagnies de chemins de fer. (*Applaudissements*.)

Je puis même vous dire que la proposition en a été faite formellement au gouvernement belge qui, jusqu'ici, l'a déclinée. (*Applaudissements*.)

Ainsi donc, messieurs, je me suis trompé dans les devis du chemin de fer, mais est-ce un cas isolé, et cette erreur commise dans les circonstances particulières où je me trouvais en Afrique n'est-elle pas excusable? Les promoteurs du canal de Manchester ne se sont-ils pas trompés du simple au double? Le devis présenté a été de 200 millions. On en a dépensé plus de 400. On avait cru terminer en quatre ans, il en a fallu huit. Et ces ingénieurs, pourtant, travaillaient dans leur propre pays, sous un climat tempéré et dans des circonstances bien plus favorables pour dresser des devis avec certitude. Les chemins de fer du Centre n'ont-ils pas coûté trois fois leur prix d'évaluation? Tenez, la tour Eiffel elle-même n'a-t-elle pas coûté moitié plus cher que son devis?

Et puis, le succès de l'œuvre en est-il compromis? Absolument pas! Je viens de vous dire, au contraire, que le succès était certain. Dès lors, pourquoi tant de rigueur?

Dès maintenant, messieurs, QUE LE GOUVERNEMENT BELGE INTERVIENNE OU QU'IL N'INTERVIENNE PAS, la construction du chemin de fer du Congo est assurée. Dans quatre ou cinq ans, la locomotive percera le continent jusqu'au Stanley-Pool. Ce jour-là, le souvenir des attaques sera bien loin. Un grand travail de civilisation, de progrès industriel et économique aura été conduit à bonne fin. Dès maintenant, je revendique hautement l'honneur de l'avoir provoqué et de l'avoir conduit! Ce sera la récompense de ma vie : je n'en revendique pas de plus élevée. (*Longs applaudissements.*)

Ai-je besoin de vous dire, messieurs, que les trains qui déraillent six fois entre Matadi et Kengé sont du domaine de la fable? (*Rires.*)

Il n'y a pas encore eu, à ma connaissance, dans le service de l'exploitation proprement dit, un seul déraillement. Il y a naturellement sur la partie de ligne en construction de fréquents déraillements comme sur tous les travaux de l'espèce, et il n'y en a pas plus au Congo qu'ailleurs au dire des gens de grande expérience qui forment avec moi le conseil d'administration. (*M. le sénateur Finet approuve.*)

Un mot encore avant d'abandonner cette question du chemin de fer. On est étonné des tarifs de cette ligne, 2 fr. 50 c. la tonne-kilomètre à la montée, 1 fr. 25 c. par voyageur-kilomètre. Mais cela est cependant bien logique.

Actuellement, les transports à dos d'homme auxquels se substitue le chemin de fer coûtent plus du double. Et le chargeur a en plus à payer des emballages coûteux, la marchandise reste longtemps en route, court des risques, il y a des pertes d'intérêts, des avaries, etc.

A la descente, d'ailleurs, les tarifs sont loin d'être les mêmes. Le prix tombe à 75 francs comme barème fixe et 10 p. c. de la valeur de la marchandise.

Supposons, par exemple, un produit d'une valeur de 300 francs comme les amandes de palme; le tarif à la descente sera de 75 + 30, soit 105 francs, ce qui, pour un transport de 400 kilogrammes, ne représente plus que

25 centimes par kilomètre, c'est-à-dire le taux des tarifs de grande vitesse des chemins de fer de la Hongrie. (*Applaudissements.*)

Enfin, ce sont là les tarifs des débuts et, naturellement, ils seront vite diminués. C'est dans l'intérêt de tous. Je n'oserais pas même vous affirmer qu'ils seront jamais appliqués. Ces tarifs ont été dressés en vue d'assurer aux capitaux de la construction les intérêts bien légitimes auxquels ils ont droit après les risques qu'ils ont courus, mais mon opinion est qu'avant même l'arrivée du rail au Stanley-Pool le développement du trafic sera tel que ce but pourra être atteint tout en diminuant les tarifs. (*Applaudissements.*)

La reprise du Congo.

Revenons-en maintenant, messieurs, à l'ordre du jour de la réunion d'aujourd'hui, la reprise du Congo par la Belgique.

Faut-il reprendre, ne faut-il pas reprendre ? (*Voix diverses : Très bien! C'est cela! C'est la question!*)

Question ardue évidemment, messieurs, et éminemment grave, qui soulève de multiples problèmes demandant chacun de longues heures d'étude.

En soi, pour des gens pratiques habitués à considérer surtout le côté économique des choses, et sous réserve de l'étude des éléments particuliers de la question, il semble cependant qu'on peut faire à cette demande une réponse simple : « Il faut reprendre, si la reprise du Congo est pour la Belgique une bonne affaire. Il ne faut pas reprendre si c'est une mauvaise affaire. »

D'autres, d'ailleurs, pourront envisager la question à un point de vue plus idéal, et je les comprends, sans vouloir les suivre. Il est bien que chacun reste sur son terrain. Le mien est surtout celui des intérêts économiques.

Le Congo peut-il nous donner un débouché pour nos produits industriels?

Peut-il nous fournir des matières premières ?

Si oui, la reprise du Congo est une bonne affaire, à la condition, bien entendu, que l'entreprise ne soit pas frappée d'un vice redhibitoire, pour rappeler l'expression du pamphlet qui vient de m'être remis à l'entrée.

Que demande le Congo ?

Mais, messieurs, il demande ou demandera tout. Sur mon honneur, je ne sais pas ce que le Congo ne demandera pas un jour, à la Belgique. *(Rires.)* Actuellement ce sont des perles, des fusils, des cotons écrus ou imprimés, de la fausse bijouterie, des ombrelles, des malles en fer, des cuillères, des assiettes, des allumettes, des spiritueux aussi comme l'a dit tantôt M. Cauderlier. Mais, à ce propos, il faut que je rassure immédiatement cet honorable contradicteur. Il lui sera répondu comme il convient. Mais au moins puis-je lui dire immédiatement que si le commerce de l'alcool ne peut être complètement enrayé, le gouvernement du Congo a pris toutes les mesures qui étaient en son pouvoir pour le restreindre. Le champ du trafic de l'alcool est limité par une barrière : il s'arrête aux bords de la rivière de l'Inkissi, rivière qui se jette dans le Congo, en aval du Pool. Demain ce seront des outils de toute nature, des machines à coudre, des quincailleries de toute espèce, la verrerie, les fers ouvragés, tout ce que nous produisons enfin.

Tous ces articles, la Belgique les produit dans des couditions excellentes

Et qu'est-ce que le Congo peut rendre à la Belgique ?

Mais, évidemment, tous les produits tropicaux, tous ceux que donnent les Indes, Java, l'Amérique centrale.

Examinons-les rapidement.

LES PRODUITS.

L'ivoire (¹).

Le plus connu des produits africains, en raison du rôle qu'il a joué dans l'histoire du commerce africain, est évidemment l'ivoire.

Tout le monde est d'accord pour considérer l'ivoire comme d'importance secondaire au point de vue du commerce africain.

Il a cependant été bien utile jusqu'ici en permettant aux œuvres commerciales de rémunérer leurs capitaux en attendant les produits variés que donnera l'exploitation du sol.

Pour se servir de l'expression de M. de Laveleye : « L'ivoire, c'est la première couche d'affleurement qu'on reconnaît lorsqu'on a creusé un puits de mine.

« La première rencontre du précieux minéral combustible comble de joie ceux qui ont foncé le puits, parce qu'il indique la présence du charbon. Mais aucun de ceux-là n'exagère la valeur de ces premières couches exploitables; chacun sait, au contraire, qu'il faut atteindre les grandes plateures pour arriver à la richesse véritable, durable, inépuisable. La mine reconnue, la présence du charbon révélée, le grand effort, l'effort essentiel consiste à atteindre ces grandes plateures. Eh bien, au Congo, le sol et le sous-sol représentent ce qu'est pour une mine la grande plateure. L'ivoire n'est qu'un bénéfice accessoire, le premier accessible pourtant. »

Évidemment, l'ivoire finira par disparaître un jour. Mais dans combien de temps? Bien hardi serait celui qui oserait risquer un chiffre. Il y en a dans tous les cas encore pour longtemps.

(1) *Congo illustré*, 1893, p. 42; 1894, p. 31, 38, 39, 65, 122, 134; *Mouvement géographique*, 1895, p. 7, 8.

Le commerce de l'ivoire dans l'État du Congo s'est élevé en 1890 à 112,969 kilogrammes, d'une valeur approximative de 2,559,388 francs et, en 1893, à 176,670 kilogrammes, d'une valeur approximative de 3,533,400 francs.

Le caoutchouc [1]

constitue évidemment la grande richesse immédiatement exploitable du Congo. Il y en a partout, dans le bas Congo, dans la région des cataractes, dans le haut Congo surtout.

Stanley dit, dans un de ses ouvrages, que les seuls bénéfices réalisés sur le commerce du caoutchouc de la forêt de l'Aruwimi couvriront et bien au delà les dépenses qu'occasionnera la construction du chemin de fer du Congo. Dès maintenant, l'exploitation s'annonce comme devant être, en effet, extraordinairement rémunératrice.

Voici au surplus la marche de l'exploitation du caoutchouc de la Société du Haut-Congo.

Je vous donne ces chiffres contrairement à tous les usages. Il est peu ordinaire, en effet, qu'une Compagnie commerciale dévoile ainsi ses prix de revient et ses prix de vente. Mais les circonstances sont trop graves, elles sont trop grosses de conséquences pour notre pays, pour qu'on ne considère pas comme un devoir essentiel de l'éclairer. Je suis assez certain du patriotisme de nos actionnaires pour être convaincu qu'ils approuveront ma conduite. *(Applaudissements.)*

Voici donc ces chiffres :

EXERCICES. —	Quantités achetées. Kilog.	Prix d'achat (Europe). Francs.	Prix moyen d'achat au kilo.	Prix de vente moyen au kilo.
1890 . .	31,894,230	11,960.76	0.38	6.45
1891 . .	26,067,450	9,500.57	0.38	6.17
1892 . .	124,733,110	64,474.89	0.51	5.55
1893 . .	144,822,165	107,417.94	0.74	5.72
1894 . .	268,000,000			

(1) Le *Congo illustré*, 1892, p. 112; *Mouvement géographique*, 1892, p. 49; *Congo et Belgique*, par le lieut. Lemaire, p. 35-41; *Les plantes utiles du Congo*, par A. Dewèvre, p. 52.

Ce n'est là, messieurs, qu'un commencement encore bien timide. Jusque maintenant, en effet, le nègre n'est guère sollicité à produire le caoutchouc en raison du faible prix que le négociant européen a pu lui payer. Ce prix, en effet, ne représente guère, en marchandises évaluées à leur prix en Europe, que 75 centimes au kilogramme.

Il est difficile d'augmenter ces prix en raison des frais généraux extraordinairement élevés que supportent ces transactions commerciales. Dans l'état actuel des choses, les frais de transport seuls représentent, pour les marchandises destinées aux achats, 150 à 200 p. c. de leur valeur, et pour le transport du caoutchouc, 1 fr. 50 c. au kilogramme.

Actuellement, le prix moyen de revient du caoutchouc rendu à Anvers, achat et transports, s'élève ainsi à environ 3 fr. 50 c.

Cette situation s'améliorera à mesure que l'exploitation du chemin de fer s'étendra. Arrivé au Pool, le commerce pourra, à bénéfice égal, payer au nègre 2 francs au kilogramme au lieu de 75 centimes. Vous vous rendez compte immédiatement de la différence des rendements.

Actuellement, on ne sollicite que les très courageux et les très avides de la population riveraine du Congo et de ses affluents. L'augmentation des prix payés aura immédiate-ment pour conséquence de solliciter de nouveaux appétits et d'encourager de nouvelles classes au travail.

Pour vous donner une idée de ce que représente le commerce du caoutchouc du monde, je veux vous citer quelques chiffres :

Production générale du caoutchouc pendant les années 1865, 1882, 1890-1891 et 1893.

		1865.	1882.	1890-91.	1893.
Amérique . . .	Tonnes	4,898	13,200	21,050	
Afrique.		75	3,750	5,409	
Asie et Océanie		2,250	2,600	3,975	
Totaux. .	Tonnes.	7,223	19,550	30,434	37,000

Les applications du caoutchouc, d'ailleurs, sont tellement

nombreuses et se développent tellement chaque jour, que le Congo en donnât-il 10,000 tonnes, le prix ne semble pas devoir en être influencé.

Gutta-percha.

Un autre produit très intéressant, se rapprochant du caoutchouc, est la gutta-percha. Y en a-t-il au Congo?

Plusieurs fois, plusieurs d'entre nous ont cru le trouver, mais jusqu'ici on ne peut encore affirmer réellement l'existence de ce riche produit qui se vend 17 francs au kilogramme.

Le gouvernement de l'État est parvenu à introduire dans le bas Congo un petit nombre de plants de gutta-percha dont la croissance rapide permet d'affirmer que sa culture réussira au Congo ; dans tous les cas, les agents de la Société du Haut-Congo ont, dans ces derniers temps, commencé l'exploitation de la « balata », qui remplace dans certaines industries la gutta-percha et vaut 8 à 9 francs au kilogramme.

Gommes (¹).

Les gommes résines et gommes copal sont partout extrêmement abondantes et d'espèces extrêmement variées. Dans un seul établissement, nous avons pu en acheter aux indigènes 15,000 kilogrammes par mois, sans la moindre difficulté, et cela pour presque rien. Malheureusement, dans l'état actuel des transports, il est impossible d'amener en Europe les gommes copal du haut Congo, qui devraient supporter des frais de transport de 1 fr. 50 c. à travers la région des cataractes, alors que le prix de la gomme copal varie de 1 à 4 francs au kilogramme, les différences de qualité étant fort difficiles à apprécier.

Le prix élevé des transports actuels à dos d'hommes,

(1) *Congo et Belgique*, par le lieut. Lemaire, p. 48-58; *Le Congo au point de vue économique*, par A.-J. Wauters, chapitre V; *Les plantes utiles du Congo*, p. 51.

ajouté à ces difficultés d'évaluation de la valeur, est cause que, jusqu'ici, nous ne pouvons, faute d'être assurés de trouver un prix rémunérateur, faire des gommes l'objet d'un commerce suivi. Un de nos agents, et il en était très fier, avait réussi, en peu de temps, à réunir dans sa factorerie 75,000 kilogrammes de gomme. J'en étais très fier aussi Je m'en fis expédier aussitôt 400 kilogrammes que je ne pus vendre qu'à un prix inférieur au prix de revient. Je fus forcé de faire cesser les envois.

Mais tout cela n'est que question de temps. Dès que le chemin de fer sera achevé, le transport de la gomme copal blanche de Léopoldville à Matadi sera réduit à 93 francs la tonne, celui de la gomme copal rouge à 107 francs la tonne, et le commerce de ces produits pourra prendre une extraordinaire extension.

L'huile de palme ([1]).

L'huile de palme, dont l'exploitation se fait déjà dans le bas Congo sur un certain pied — il en a été exporté près de 1,400 tonnes en 1894, contre 5,000 tonnes d'amandes de palme — pourra prendre aussi un développement très grand dès que le chemin de fer sera construit, le produit ne supportant que 125 francs (75 + 50) de transport du Pool à Matadi et se vendant actuellement en Europe 500 francs la tonne.

Pour donner une idée de l'importance que cela peut avoir pour la Belgique, disons que les fabriques belges utilisent maintenant plus de 10,000,000 de kilogrammes d'huile de palme.

A côté de l'huile de palme se trouvent toutes espèces de corps gras utilisés par les manufactures européennes : les arachides qui pourront être conduites de la région des cataractes par le chemin de fer, et dont les fabriques belges utilisent près de 11,000 tonnes annuellement, que nous demandons à l'Inde anglaise.

(1) Le *Congo illustré*, 1892, p. 14, 60, 64 ; *Congo et Belgique*, par le lieut. Lemaire, p. 59 et suiv.; *Le Congo au point de vue économique*, chap. V ; *Les plantes utiles du Congo*, p. 49.

Le tabac (¹)

existe partout à l'état de culture et est préparé de mille
façons par les indigènes.

Des essais ont été faits en de nombreux endroits et ont
donné de bons résultats. Nul doute que lorsque des planta-
tions seront méthodiquement conduites par des Européens
expérimentés, elles ne donnent de bons résultats.

La Belgique consomme 16,000 tonnes de tabac ! Bientôt,
si elle le veut, elle en tirera une bonne partie du Congo.

Le coton.

Le coton existe partout à l'état sauvage.

Le piassava,

qui est utilisé en brosserie, se rencontre dans le bas Congo
et surtout dans le Kassaï. Celui du bas Congo se vend 70 centimes le kilogramme.

La canne à sucre (²)

est cultivée partout par les indigènes qui la mangent crue ou
en font de la bière.

Le poivre,

les noix muscades, la fève de calabar existent partout au
Congo, ainsi que toutes les épices.

(1) Le *Congo illustré*, 1892, p. 127 ; *Le Congo au point de vue
économique*, chapitre VI ; *Congo et Belgique*, par le lieut. Lemaire,
p. 74-81 ; *Les plantes utiles du Congo*, p. 31.
(2) Le *Congo illustré*, 1893, p. 176 ; *Le Congo au point de
vue économique*, chap. VI ; *Congo et Belgique*, p. 90 ; *Les plantes
utiles du Congo*, p. 28.

2

Le café [1]

existe dans le nord de l'État, au Kwango, et un peu partout
d'ailleurs dans le haut Congo, où j'ai moi-même constaté sa
présence au Stanley-Pool, entre le Pool et Kassaï, au nord de
l'Équateur. Dès maintenant, le café est cultivé dans tous les
établissements de l'État et des sociétés commerciales. Il y a
certainement aujourd'hui plus de 300,000 pieds qui seront
dans trois ou quatre ans en plein rapport et donneront
chacun plus de 2 kilogrammes de café, ce qui assurera,
pour la première année de l'exploitation du chemin de fer,
une production de 600 tonnes.

La qualité du café du Congo étant excellente, on peut à
peu près tout faire en ce qui concerne l'exploitation du café
dont il entre en Belgique, chaque année, plus de 40,000
tonnes, lui coûtant plus de 2 francs le kilogramme.

Je ne m'aventurerai certainement pas à vous dire combien
coûtera de main-d'œuvre et de frais généraux le café du
Congo, mais il est évident que la fertilité du sol étant, dans
les régions du haut, absolument extraordinaire, il n'est pas
douteux que le Congo soit appelé avant bientôt à fournir à la
Belgique une grande partie de ses besoins. (*Applaudissements.*)

Quant aux prix du transport, il s'élèvera, le chemin de
fer fini, à 40 centimes environ au kilogramme, largement
compté. Cela est loin d'être excessif.

Le cacao [2].

Nous pouvons en dire autant pour le cacao, qui a réussi
partout et dont tous les établissements de l'Etat et des
sociétés sont également dotés.

Il en entre en Belgique plus de 2,000 tonnes par an.

(1) Le *Congo illustré,* 1892, p. 200; *Congo et Belgique,* p. 97;
Le Congo au point de vue économique, p. 87; *Les plantes utiles
du Congo,* p. 38.

(2) *Congo et Belgique,* p. 110; *Les plantes utiles du Congo,*
p. 25; *Le Congo au point de vue économique,* p. 98.

Les bois de construction ([1]).

Ils sont absolument remarquables et comprennent l'acajou,
l'ébène, le bois de rose, le teak, etc., etc.

Le bétail ([2]).

Je ne m'étendrai pas davantage, messieurs, sur les produits. J'ajouterai cependant que le bétail aussi réussit admi-
rablement bien au Congo. Témoin l'entreprise de l'introduc-
tion du bétail commencée par M. de Roubaix, et poursuivie
par la Compagnie des produits du Congo, à Matéba.

Pour vous donner une idée de ce que l'élevage peut rap-
porter, laissez-moi vous rappeler qu'il n'existait pas une
bête à cornes dans l'île de Matéba en 1889. Voici, à titre
de document intéressant, le mouvement du bétail de l'île,
depuis l'origine :

En 1890, il existait dans l'île de Matéba 694 têtes de
bétail; en 1891, ce nombre s'élève à 1,046; en 1892, à
1,987; en 1894, à 2,338 têtes. Et pourtant, pendant ce
laps de temps, nous livrions à la consommation des villes
du bas Congo 1,071 bêtes de boucherie. Et dire, messieurs,
qu'il y a quelques années encore, on affirmait que le bétail
ne peut vivre au Congo! Combien en est-il qui, à l'heure
actuelle, sont encore victimes de cette erreur? (*Longs applaudissements.*)

Les chevaux ([3]).

Les chevaux ont aussi été introduits dans l'île et y
réussissent très bien. Nul doute que d'ici à trois ou quatre
ans nous n'ayons des choses bien intéressantes à vous
apprendre sous ce rapport.

(1) *Congo et Belgique*, p. 17 à 27 ; *Les forêts du Katanga*, par
le Dr Briart (*Bulletin de la Société de géographie d'Anvers*, 1893,
p. 252 à 254).
(2) Le *Congo illustré*, 1893, p. 74 ; 1894, p. 41 et 168. *Le Congo
au point de vue économique*, chap. IX.
(3) Le *Congo illustré*, 1892, p. 208 ; 1894. p. 41, 47 et 167.

. Messieurs, je viens de vous montrer que le Congo donne sans exception tous les produits des tropiques et il n'y a pas de raison pour qu'il ne fournisse avec le temps à la mère patrie tous les produits de l'espèce qu'elle utilise dans son industrie. Évidemment, il faut donner le temps de planter et de laisser pousser, mais nous supposons bien que personne ne s'en étonnera. Qui donc oserait demander qu'au Congo, si riche qu'il. puisse être, on récolte avant les semailles? (*Applaudissements.*) Rien n'est fait aujour-d'hui, à peine quelques tentatives. Tant mieux d'ailleurs, puisque tout reste à faire au grand profit de ceux qui l'entreprendront!

Aux îles de la Sonde aussi tout était à faire, mais aujourd'hui quelle activité et quelle production.

Laissez-moi mettre sous vos yeux le tableau des exportations des Indes néerlandaises pour 1883, au moins les chiffres importants (1).

Les exportations se sont élevées à 201 millions de florins. Les importations à 138 millions.

Voici quelques-uns des chiffres de l'exportation :

Café	82,438,578	florins.
Sucre	60,243,534	—
Tabac.	12,770,006	—
Gommes diverses	8,405,404	—
Étain	6,425,163	—
Indigo	3,617,208	—
Cuirs	2,535,474	—
Poivre et cubèbe	2,607,892	—
Gambir (terra japonia) . .	2,443,359	—
Rotin	2,433,236	—
Noix de muscade et maïs . .	2,394,980	—
Thé	1,874,558	—
Huiles.	1,715,112	—
Riz	1,004,548	—
Comestibles indigènes . . .	950,754	—

(1) *Mouvement géographique* : les Indes Néerlandaises, étude par le colonel hollandais Havenga, 1887, p. 5, 12 et 27.

Lorsque les Hollandais ont conquis les îles de la Sonde, celles-ci évidemment ne valaient guère plus que le Congo. Voyez ce qu'elles sont devenues et réfléchissez!

Les minerais (¹).

En dehors de ces produits, le Congo donnera certainement des minerais de fer partout extraordinairement riches, de cuivre, d'étain, reconnus un peu partout ; mais c'est pour l'avenir éloigné cela, et je n'en veux par parler, pas plus que de la possibilité de trouver des minéraux précieux plusieurs fois signalés, mais recherchés infructueusement

Il est pourtant un produit que, semble-t-il, nous ne récolterons pas au Congo, c'est du blé. Aussi quelle n'a pas été ma stupéfaction en lisant il y a un mois, dans un journal des Flandres, un article où l'on dénonçait aux populations agricoles le danger qu'il y a pour elles à voir s'accomplir la reprise du Congo par la Belgique, qui serait bientôt inondée des blés de la colonie. C'est là un espoir qui ne peut être caressé. (*Rires.*)

Mais admirez l'ingéniosité des procédés d'attaque des adversaires de la reprise : il n'est pas impossible qu'après avoir exhorté les producteurs agricoles des Flandres à protester contre la reprise parce que le Congo produit trop de blé, ils ne cherchent à exciter nos populations industrielles parce qu'il n'en produit pas. (*Rires.*)

La reprise du Congo par la Belgique est donc, au point de vue des productions du sol, une bonne affaire, à moins que des circonstances de nature politique, financière, climatérique ou autre ne rendent périlleuse l'annexion et l'exploitation. Car, messieurs, si le Congo devait un jour mettre en danger l'avenir de la patrie, je serais le premier à le combattre avec la plus grande énergie. (*Sensation.*)

Et quand je parle de dangers, il s'agit, bien entendu, n'est-ce pas, de dangers proportionnés aux risques. Quand,

(1) *Mouvement géographique*, 1893, p. 89 ; 1895, p. 1. *Congo et Belgique*, p. 134 à 137.

dans ma vie, je me suis trouvé dans des circonstances périlleuses, j'ai toujours, en homme prudent que je suis malgré mes dehors, pesé dans la balance risques et avantages possibles. Si les risques l'emportaient, je me suis abstenu, mais si la somme des avantages possibles était supérieure à celle des dangers à craindre, j'ai toujours résolument marché en avant, ne voulant pas voir ma prudence dégénérer en pusillanimité. (*Longs applaudissements.*)

Le climat (¹).

Évidemment, le climat du Congo présente des dangers spéciaux et importants, semblables à ceux des Indes hollandaises et britanniques, mais il est loin de pouvoir être considéré comme meurtrier.

Ce serait raisonner bien mal que de juger le Congo, au point de vue du climat, en constatant les pertes faites par les voyageurs et les explorateurs exposés à tous les dangers, à toutes les intempéries.

Pour apprécier sainement, il faut voir les pertes subies par les agents à poste fixe dont les conditions se modifieront encore dans l'avenir par les perfectionnements apportés à l'habitation, les mesures d'assainissement, etc. Ainsi, par exemple, la Société des produits du Congo qui a, en moyenne, dans l'île de Matéba, vingt-deux agents, n'y a perdu depuis six ans qu'un seul agent. (*Sensation.*)

Prenez bien garde, d'ailleurs, d'attribuer au climat du Congo toutes les morts que nous déplorons. (*Approbations.*) Ne retirez pas, à nos officiers, vaillants explorateurs et soldats, une partie de la gloire qui les auréole. Ils savaient, en partant pour cette terre d'Afrique, les risques

(1) *Mouvement géographique*, 1894, p. 75. Étude du Dr Treille. — *Revue générale des sciences pures et appliquées*, 1894. Étude du Dr Treille. — *Ciel et Terre*, 1885. Étude du Dr von Danckelmann. — *Rapport sur l'état sanitaire de Léopoldville*, par le Dr Mense. — *Guide pratique hygiénique et médical des voyageurs au Congo*, par le Dr Dryepondt.

extraordinaires de fatigues et de guerres que leur impose-
raient les premiers commencements de cette œuvre gigan-
tesque. Ils sont allés fermement, froidement, au devant du
péril. Attribuer leur mort à tous au climat, c'est commettre
une erreur et c'est les amoindrir. (*Longs applaudissements.*)

La vérité, c'est que le climat du Congo est un climat
traître, exigeant des précautions d'autant plus incessantes
que notre instinct, au lieu de nous y servir, nous trompe
à chaque instant. Et cela se comprend aisément.

L'homme vivant dans son climat de naissance, gagne
bientôt un instinct qui l'avertit du danger et qui, presque
inconsciemment, lui dit jusqu'à quel point il peut s'y exposer. Dès qu'il change, pour se rendre dans un habitat aussi
différent que celui du Congo l'est de l'Europe, les indications
de l'instinct sont au contraire toutes mensongères. Le voyageur, le soir, assis sous sa vérandah, respire avec volupté
les brises rafraîchies que la nuit amène. Son instinct lui dit
de s'y exposer davantage, mais sa prudence lui commande
de prendre garde.

Exténué par les fatigues de la route, l'explorateur quitte
avec joie les plateaux torrides pour le fond ombragé et
délicieux des vallées. Son instinct lui dit : « Attarde-toi, »
mais sa prudence lui crie : « Voyageur imprudent, fuis vite,
car la fièvre impitoyable te guette. »

La question de l'acclimatation de la race blanche au
Congo est fort controversée. Nous ne voyons pas bien, pour
notre part, pourquoi l'Européen ne pourrait pas vivre, se
reproduire et prospérer sur les hauts plateaux du Manyéma
et du Katanga. L'avenir en décidera. En attendant, tout en
envisageant avec calme les dangers du climat, il ne faut
pas les exagérer.

Des exemples frappants prouvent combien les améliora-
tions hygiéniques peuvent amener une grande décroissance
de la mortalité dans les pays chauds. Voici, à ce sujet,
quelques renseignements statistiques (1).

(1) *De invloed van tropische gewesten op den mensch, in
verband met kolonisatie en gezondheid*, par le prof. B.-J. Stokvis.

La mortalité annuelle dans l'armée des Indes néerlandaises, qui était, en 1819, de 170 soldats européens sur
1,000, tombe successivement à 60 pour 1,000 en 1868,
à 30 pour 1,000, en 1888, à 21 en 1889 et à 16 pour
1,000 en 1892; aux mêmes périodes, la mortalité parmi les
soldats malais indigènes est de : 125 pour 1,000 en 1819,
28 pour 1,000 en 1868, 27 pour 1,000 en 1889 et 22 pour
1,000 en 1892. (*Sensation.*)

Vous voyez que la mortalité chez les soldats blancs est
devenue inférieure à celle des soldats noirs, à cause des
soins plus grands que les premiers prennent de la propreté
du corps, des règles de l'hygiène, etc.

Les mêmes constatations ont été faites d'ailleurs aux
Indes anglaises avec une concordance remarquable, comme
le montre le tableau ci-dessous :

	Mortalité pour 1,000 Européens	Mortalité pour 1,000 indigènes
1879-1887	16.27	21.6
1881-1890	14.2	16.9

(*Sensation.*)

Vous le voyez, messieurs, l'avenir nous récompensera,
sous ce rapport comme sous bien d'autres, des lourds
sacrifices des débuts. L'homme est bien trop fort aujour-
d'hui pour craindre outre mesure l'influence néfaste des
climats tropicaux. *(Applaudissements.)*

Le péril arabe (¹).

Messieurs, les succès remportés par nos vaillants officiers
en Afrique ont sous ce rapport rassuré l'opinion.

Je ne veux en rien diminuer leur gloire : les victoires
qu'ils ont remportées, étant donnés les faibles moyens dont
ils disposaient, sont vraiment remarquables. Elles sont
dues, d'après M. Dhanis lui-même, autant à leur talent de

---

(1) *Congo illustré*, 1892, p. 130; 1894, p. 17, 30, 38, 46, 50 et
153. — Conférence du lieut Chaltin (*Bulletin de la Société
d'études coloniales*, 1894, n° 5).

diplomatie qu'à leur valeur même ; le constater, ce n'est pas diminuer, mais sanctifier leur gloire. (*Bravos.*) Les Arabes contre lesquels ils luttaient étaient eux-mêmes, en effet, des étrangers. Ils n'étaient pas nés dans le pays. Ils avaient asservi les populations aborigènes et il a suffi de détacher celles-ci d'eux, pour leur enlever leur principale force. Il ne faut donc pas comparer la guerre contre les Arabes au Congo à celles soutenue par les Français en Algérie, au Sénégal, par les Italiens à l'est de l'Afrique, par les Anglais au Soudan.

Au Congo, les populations sont fétichistes. Elles n'ont donc pas le lien d'une religion commune, et au point de vue politique elles sont divisées en une foule de petites communautés sans cohésion. C'est évidemment un des grands facteurs du succès de la colonie.

Le gouffre aux millions. *(Rires.)*

Messieurs, il est évident que pendant les premières années au moins la colonie ne pourra pas se suffire à elle-même. Il y a donc des sacrifices à faire, mais il est exagéré de s'en servir comme d'un épouvantail.

La conviction de tous ceux qui se sont occupés des choses d'Afrique est que le budget de l'État du Congo, à l'heure actuelle, ne doit pas compter plus de 7 millions de dépenses. Remarquez d'ailleurs que c'est la somme qui a été dépensée pendant l'année 1893, alors que la guerre contre les Arabes battait son plein.

Eh bien, en mettant 7 millions de dépenses, les recettes annuelles étant de 3,500,000, dont 2,500,000 fournis par l'impôt et 1 million par le Roi, le déficit annuel sera de 3,500,000, qui diminueront rapidement par l'accroissement de l'impôt. Et ce serait pour cette somme minime qu'il faudrait abandonner une œuvre si riche en promesses ! (*Non ! Non ! Acclamations.*)

Le budget colonial sera, au surplus, voté chaque année et contenu dans les limites que la législature voudra.

Il n'y a là évidemment rien qui puisse compromettre la

situation financière du pays. Remarquez-le bien, d'ailleurs, messieurs, un budget colonial qui solde en déficit n'est pas la preuve que la colonie soit pour la métropole une mauvaise affaire.

S'il est vrai qu'aujourd'hui le budget des Indes s'équilibre, pendant longtemps il n'en fut pas ainsi. Qu'importe? Allez donc démontrer aux Anglais que leurs colonies leur coûtent plus qu'elles ne leur rapportent.

Au Congo, messieurs, où tout commence à peine, il ne peut évidemment en être ainsi, c'est l'œuvre de l'avenir. Mais enfin il y a déjà même sous ce rapport certains chiffres à citer qui ont leur importance :

Relevé du nombre de tonnes de marchandises (poids et cubes réunis) expédiées au Congo par les différentes Compagnies commerciales depuis leur fondation (1).

	1887	1888	1889	1890	1891	1892	1893	1894	Totaux.
Commerce et industrie .	93	21	»	28	»	»	»	»	142
Magasins généraux . .	»	»	1274 3/4	4407 1/2	1293	2068	656	934	10673 1/4
Haut-Congo .	»	»	390	1252	907	1330	1705	1406	6990
Chemin de fer.	»	»	695	8244 1/2	8497	7020	10624	11445	46525 1/2
Produits . .	»	»	»	332	513	581	957	1383	3766
Katanga . .	»	»	»	»	41	»	»	»	»
Syndic. du Katanga . . .	»	»	»	»	92	27	»	»	119
Total général.	93	21	2359 3/4	14264 1/2	11343	11026	13942	15168	68216 3/4

Au 31 décembre 1894, les dépenses par les Sociétés ont été, depuis leur constitution, de près de 50 millions de francs.

Des difficultés des voies de communication (²).

Cette objection, par exemple, je ne la comprends pas.

(1) Rapport de la *Compagnie du Congo pour le commerce et l'industrie*, fascicule 15.

(2) *Nouvelle géographie universelle*, par Elysée Reclus, vol. XIII, p. 185, avec une carte. — Le *Mouvement géographique*, 1894, p. 51, avec une carte.

Et, en effet, il n'est pas de pays au monde mieux doté sous ce rapport.

Voyez cette carte de l'État indépendant. Toutes ces lignes noires représentent des cours d'eau navigables aux steamers. Le Congo et ses affluents présentent un développement, actuellement reconnu abordable par les vapeurs, de 30,000 kilomètres de rives. Cette distance est plus longue que toute la côte occidentale d'Afrique, depuis Gibraltar jusqu'au cap de Bonne-Espérance. Nul réseau, si ce n'est celui de l'Amazone, ne peut être comparé comme longueur à celui du Congo. C'est ce qui assure à l'État indépendant un essor commercial indéfini. Vienne le chemin de fer, qui supprimera pour ainsi dire la région des cataractes, et nous serons maîtres du centre de l'Afrique. (*Bravos.*)

Aptitudes commerciales du nègre (¹).

On a dit que le nègre n'avait pas d'aptitudes commerciales. Mais, messieurs, je ne crois pas, au contraire, qu'il existe un seul peuple au monde qui, dans un état aussi rudimentaire de civilisation, en ait montré de semblables! Voyez la manière dont ils ont divisé le travail entre leurs tribus, les uns faisant des poteries, les autres des vanneries, d'autres encore de la bière, etc., etc.

Voyez ce fait remarquable que partout ils ont inventé de véritables étalons de monnaie.

L'existence de ces étalons monétaires (*mokandes*) n'est, d'ailleurs, que la conséquence de l'activité commerciale qui existe entre les tribus. Il y a plus, déjà ils ont accepté la monnaie fiduciaire sous forme de *mokandes*. Ce sont de véritables billets à vue payables dans une station de l'État. Dans tous les villages du bas Congo, un Européen connu peut, à l'aide de ces mokandes, se procurer tout ce dont il a envie...

(1) *Au Congo et au Kassaï*. Conférence du major Thys à la Société belge des ingénieurs et industriels, 1888, avec trois cartes.

Quel raisonnement pourrait, mieux que cette adaptation rapide à nos usages commerciaux, démontrer ce que l'on peut attendre de l'indigène au point de vue du négoce?

Marine militaire.

Il faudra, dit-on, une marine militaire.

Pourquoi?

Le Congo a moins de côtes que la Belgique Il a un fleuve de pénétration comme la Belgique. Il est, en un mot, dans des conditions identiques à la Belgique.

Si celle-ci n'a pas de marine militaire, pourquoi lui en faudra-t-il une quand elle se sera annexé le Congo?

Je n'y vois absolument aucune raison.

Si la Belgique a besoin un jour d'une marine militaire, ce n'est point, à coup sûr, le Congo qui l'exigera et je puis vous certifier que cette marine sera toujours ailleurs qu'au Congo. (*Rires.*)

Ce qui est vrai, c'est qu'il y aura une marine marchande qui se créera pour les besoins des relations, soit par l'initiative privée, soit sous l'œil gouvernemental. Mais de cela, adversaires comme partisans du Congo ne peuvent que s'en féliciter.

La neutralité de la Belgique.

Le Congo est neutre. Les puissances réunies à Berlin l'ont solennellement déclaré. Voici le texte même de la déclaration, repris au protocole de la Conférence :

ART. 10. — Afin de donner une garantie nouvelle de sécurité au commerce et à l'industrie, et de favoriser, par le maintien de la paix, le développement de la civilisation dans les contrées mentionnées à l'article 1er placées sous le régime de la liberté commerciale, les hautes parties signataires du présent acte s'engagent à respecter la neutralité des territoires ou parties de territoires dépendant desdites contrées, y comprises les haux territoriales, aussi longtemps que les puissances qui exercent ou exerccront des droits de souveraineté ou de protectorat sur ces territoires, usant de la faculté de se proclamer neutres, rempliront les devoirs que la neutralité comporte.

L'engagement est donc formel, messieurs. Du moment que le Congo s'est proclamé neutre, et il l'a fait, les puissances se sont engagées à respecter cette neutralité. Oh! je sais bien que la neutralité de la Belgique est différente de celle du Congo; que pour la Belgique, non seulement les puissances ont pris l'engagement de faire respecter la neutralité, mais encore celui de la faire respecter, tandis que pour le Congo elles n'ont pris que l'engagement de respecter la neutralité; que pour l'une comme pour l'autre, rien ne vaut que si les puissances tiennent leurs engagements.

Mais il en est ainsi de tous les engagements, même celui qui a été pris vis-à-vis de la Belgique elle-même. (*Évidemment.*)

Dans l'espèce, d'ailleurs, la neutralité du Congo alliée à la Belgique a d'autres motifs d'être respectée. La possession du Congo ne peut être dévolue qu'à une puissance neutre. Cette puissance extraordinaire, qui rayonnera du centre de l'Afrique vers toutes les côtes, ne peut appartenir qu'à un neutre! Cela résulte de la Conférence de Berlin et de l'oppinion de tous les diplomates qui se sont occupés de la question (1).

La liberté commerciale.

Le Congo étant placé sous le régime de la liberté commerciale, quel avantage la Belgique peut-elle en retirer? Pourquoi va-t-elle jouer pour l'Europe le rôle de gardien sans aucun traitement privilégié en faveur de son commerce et de son industrie?

— Mais, messieurs, je veux que l'argument puisse avoir quelque valeur, s'il était produit par quelque protectionniste et dans un milieu où les idées protectionnistes auraient quelque chance d'être adoptées (*rires*); mais je retournerai

(1) *Le partage politique de l'Afrique,* par Émile Banning.

volontiers la question et je demanderai : Si nous pouvions user de la liberté de frapper des droits différentiels, le ferions-nous? (*Marques d'approbation.*)

Mais évidemment non ! Personne n'oserait soutenir que la Belgique, libre-échangiste par tempérament et par esprit, agirait autrement que l'Angleterre libre-échangiste n'agit avec ses colonies, et celle-ci n'a frappé aucun droit protecteur dans ses colonies.

Elle n'en est pas moins maîtresse du marché. Sur une exportation totale de 276 millions sterling de produits manufacturés anglais, 78 millions sterling, soit 30 p. c. environ et près de 2 milliards, vont directement aux marchés coloniaux. Ce sont les chiffres de 1893.

Malgré cette liberté absolue de commerce, voici d'autre part les chiffres proportionnels du commerce pour l'ensemble des colonies :

Ces importations de marchandises anglaises, faites *directment* aux colonies, représentent 76 p. c. des importations totales dans les colonies. Et ce chiffre est un minimum de gain pour le commerce anglais qui certainement, à titres divers, fait des bénéfices sur les 24 p. c. restants d'importations en Australie, au Canada, dans l'Afrique anglaise, etc., ne fût-ce qu'à titre de commissionnaire, d'armateur, etc., Le bénéfice de fabrication échappe seul pour une partie de ces importations.

Les exportations de produits coloniaux se font directement sur les entrepôts anglais à concurrence de 81 p. c. du total. Et, encore une fois, sur les 19 p. c. restants, il y a une grande partie de bénéfice qui revient au commerce ou aux intermédiaires anglais.

Ces chiffres se rapportent à des colonies qui, comme le Canada, l'Australie, sont anciennes, organisées, autonomes, presque émancipées.

Ils ont été longuement discutés à la conférence internationale tenue à Ottawa en juin 1894. Un timide courant d'opinion s'y est fait jour : resserrer par des tarifs différentiels le lien colonial, mais ces tentatives protectionnistes n'ont pas trouvé d'écho.

Ce n'est pas seulement la question de principe et de théorie qui a produit la résistance, s'est surtout la constatation que le lien naturel — même langue, administration anglaise, rapports anciens, constants, etc., — suffisent amplement et seuls à assurer à l'industrie et au commerce de la mère-patrie le bénéfice du trafic intercolonial.

Il en sera de même pendant un siècle ou plusieurs siècles entre la Belgique et le Congo. (*Longs applaudissements.*)

CONCLUSIONS.

Messieurs, je le répète, tous ces points devraient être traités en détail, et ils le seront en temps et lieu, dans les conférences que nous allons organiser. Ceux d'entre vous qui désirent les suivre, peuvent se faire inscrire au local du Cercle africain, à l'hôtel Ravenstein. Si notre local de l'hôtel Ravenstein est trop petit, nous en louerons un plus grand.

Je ne désespère pas, messieurs, de vous faire partager alors la conviction qui est la mienne et elle est profonde. La reprise du Congo par la Belgique fera, dans l'avenir, la grandeur de la patrie, son abandon serait une honte nationale, un aveu d'impuissance et de pusillanimité qui nous marquerait éternellement au front. (*Acclamations prolongées.*)

Et qu'on ne vienne pas dire que cette reprise est commandée uniquement par l'intérêt de quelques sociétés commerciales au détriment des intérêts vrais du peuple!

Qu'est-ce que cela peut bien vouloir dire?

Les sociétés commerciales n'espèrent point de dégrèvement des impôts. Elle sont prêtes à supporter encore les charges actuelles. Elles ne demandent qu'une chose, c'est de la stabilité et de la sécurité en matière économique, et cela n'est possible qu'à la condition que la colonie ait une mère-patrie. (*Approbation.*)

Mais, messieurs, si je désire ardemment que cette mère-patrie soit la Belgique, ce n'est pas, je le répète, dans l'intérêt des sociétés commerciales, c'est parce que l'annexion du Congo par la Belgique sera éminemment favorable au

travail national, et par conséquent aux intérêts du peuple,
du peuple dont je suis, Messieurs, par ma naissance, par
mon éducation première, par mon travail persistant, par mon
tempérament lui-même, à tel point que tout mon individu,
bien que je l'aie frotté à toutes les élégances, porte encore
en lui tellement la marque indélébile de la démocratie, que
tout naturellement les petits et les humbles viennent à moi
toujours et partout comme à un des leurs devenu fort.
(*Longs applaudissements.*) Puisse le vœu que je formule :
« Le Congo à la Belgique » s'exaucer pour le bonheur et la
prospérité de la grande classe des travailleurs. (*Acclamations prolongées et ovation.*)